Quali attività di trasferimento tecnologico per le imprese nei sistemi regionali innovativi? Considerazioni e proposte

Danilo Farinelli
con il contributo di Michele Petrone e Mariacarmela Passarelli

INTRODUZIONE

CONSIDERAZIONE 1. *A CURA DI MICHELE PETRONE*

CONSIDERAZIONE 2. *A CURA DI MARIACARMELA PASSARELLI*

CONSIDERAZIONE 3.

CONCLUSIONI

Introduzione

In letteratura diversi contributi hanno analizzato il concetto di "sistema dell'innovazione". La più ampia e chiarificatrice definizione di *National Innovation System* (NIS) si deve a Lundvall (1992). Egli fu il primo a sottolineare l'importanza di alcuni elementi fondamentali di un sistema innovativo, riconducibili sostanzialmente alle istituzioni, alla struttura industriale, alle relazioni tra imprese, clienti, fornitori, istituzioni finanziarie, governo, settore pubblico e mondo della ricerca, in cui produttori di tecnologie e strutture di interfaccia trovano ineludibilmente una loro collocazione.

Il passaggio dal concetto di *sistema nazionale innovativo* (SNI) a quello di *sistema regionale innovativo* (RIS) si sviluppò tra gli anni Ottanta e Novanta; infatti il concetto di sistema regionale fu menzionato per la prima volta da Hilpert (1991) e Cooke (1992).

Dopo vari sviluppi teorici, l'architettura concettuale dei RIS fu completata nel corso degli anni Novanta da Ohmae (1995), il quale identificò nel livello regionale, piuttosto che in quello nazionale, la scala economica chiave nella quale si svolge l'organizzazione competitiva fra gli attori del sistema: infatti regioni quali Galles, Baden Wurttemberg, Rhone-Alpes e Lombardia risultavano già economicamente più significative e omogenee rispetto ad intere nazioni quali l'Italia, la Gran Bretagna e la Francia, divise al loro interno da forti squilibri territoriali.

In particolare le forme innovative regionali differiscono non solo per le specifiche strategie e per le *performance* tecnologiche interne alle imprese, ma anche per gli elementi esterni e contestuali favorevoli all'innovazione. In ogni caso, RIS efficaci sono stati riscontrati solo in poche aree italiane ben definite. In molte regioni, viceversa, le interazioni sistemiche, i legami e il flusso di conoscenza fra gli attori rilevanti del sistema stesso sono risultati troppo poco densi e significativi per decretare la presenza di un sistema di innovazione veramente operativo. La rete dei servizi di intermediazione tecnologica, ad esempio, seppur in crescita, si presenta disomogenea a livello territoriale e frammentata in termini di coordinamento e complementarità degli interventi.

I Governi pubblici più sensibili alle problematiche legate allo sviluppo locale definiscono e promuovono piani di sviluppo territoriale volti a stimolare l'attività di innovazione nelle imprese e a favorire processi di trasferimento tecnologico. Tali processi vengono spesso gestiti da apposite strutture di sviluppo territoriale e valorizzazione della ricerca scientifica (d'ora in poi STEVR), che nascono con l'obiettivo di promuovere processi di ibridazione tra il mondo della ricerca e quello delle imprese (Antonelli, 2004).

La letteratura scientifica e gli stessi *policy maker* sembrano dedicare particolare attenzione alle fasi di avvio e di implementazione dei programmi di intervento pubblico per lo sviluppo dell'innovazione (strutturazione dell'intervento, tipologia di servizi, attori e *governance*), mentre altri aspetti, seppur particolarmente rilevanti, appaiono ancora poco indagati. In particolare:

1. Come evolve un Sistema Regionale Innovativo (d'ora in poi SRI)?
2. Esiste una co-evoluzione tra gli SRI e le strutture di sviluppo territoriale e Valorizzazione della Ricerca (STEVR)? Quale evoluzione può avere nel tempo una STEVR?
3. Come si possono misurare i risultati ottenuti mediante l'intervento pubblico, nelle diverse fasi del ciclo di vita del SRI?

Tali aspetti saranno oggetto di una serie di considerazioni proposte nei paragrafi che seguono.

Considerazione 1. Come evolve un Sistema Regionale Innovativo? *A cura di Michele Petrone*

L'evoluzione dei SRI può essere interpretata utilizzando tre concetti chiave che hanno origine da diverse e consolidate Teorie:

- la densità dei legami tra gli attori del SRI assimilabili alla Teoria dei Network (Granovetter, 1973);
- i flussi e le tipologie di conoscenza identificabili attraverso la Teoria della Knowledge Based (Nonaka e Takeuchi, 1995).
- la struttura di *governance* del SRI analizzabile attraverso la Teoria dei Costi di transazione (Williamson, 1989).

Intersecando la variabile sulla struttura di *governance*, i flussi di conoscenza e la densità dei legami si possono definire quattro distinte tipologie di SRI che possono essere considerate come altrettante tappe di crescita del Sistema stesso:

- SRI potenziali;
- SRI embrionali;
- SRI in via di sviluppo;
- SRI attivi.

Sistema Regionale Innovativo Potenziale. In questa prima configurazione, i legami tra gli *stakeholder* territoriali sono molto limitati e, quei pochi, risultano sostanzialmente deboli. Tra i diversi gruppi di *stakeholder* del Sistema regionale (Ricerca, Imprese, Governo pubblico) sussiste un'elevata distanza cognitiva e sociale intesa come sostanziale divergenza nelle categorie di interessi e obiettivi percepiti da ciascun gruppo. Ciascuno di essi si presenta "compartimentalizzato" (Gilsing, 2005), vale a dire che non interagisce con gli altri. I meccanismi di mercato si rivelano poco efficaci a sviluppare i legami tra gli *stakeholder*. La qualificazione di simili contesti come SRI potenziali rimane imputabile ad una ricerca universitaria di eccellenza in determinati campi tecnico-scientifici, ancorché non valorizzata da un punto di vista industriale, piuttosto che ad una sistema imprenditoriale costituito da PMI che tuttavia sta perdendo competitività in ambito internazionale (Fig. 1).

Fig. 1.1 – *Sistema Regionale Innovativo Potenziale*

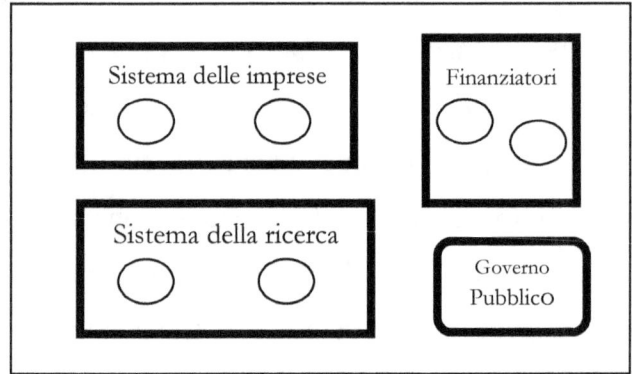

Sistema Regionale Innovativo Embrionale. L'Attore pubblico, forte della leadership istituzionale che detiene sul territorio e della capacità di mettere a disposizione risorse finanziarie cospicue, è in grado di affermarsi come attivatore di un progetto di sviluppo basato sull'innovazione. Concretamente si rende promotore della creazione di strutture di "regia" per lo sviluppo territoriale e la valorizzazione della ricerca scientifica, per inserire nel sistema un meccanismo di *shock*. Ogni struttura innesca meccanismi di attivazione delle relazioni tra gli *stakeholder* e promuove azioni di valorizzazione della ricerca, portando ad una nuova configurazione di SRI embrionale. In tale fase, i legami tra gli *stakeholder* territoriali crescono nel numero, ma restano tuttavia deboli .

Sistema Regionale Innovativo in via di sviluppo. Nei SRI che definiamo "in via di sviluppo", le risorse finanziarie investite dall'Attore pubblico per le attività di trasferimento tecnologico, sono cospicue. Sorgono, quindi, laboratori di ricerca condivisi tra Università ed Industria, Centri di competenza, Industrial Liaison Office, incubatori accademici, fondi pubblico-privati di seed e venture capital etc. Tali strutture vedono un progressivo coinvolgimento diretto degli *stakeholder* privati del territorio, in termini di *commitment* e risorse investite. In questa configurazione di SRI i legami tra gli *stakeholder* aumentano non solo nel numero, ma anche nella forza. La densità dei legami inizia ad attestarsi su livelli relativamente alti. In tale contesto aumenta la quantità di conoscenza tacita trasmessa tra gli attori del Sistema che iniziano a sviluppare sistemi cognitivi condivisi. In tale fase, i flussi informativi iniziano a svilupparsi tra gli *stakeholder* anche indipendentemente dall'organo di governo centrale.

Sistema Regionale Innovativo Attivo. In quest'ultima configurazione, identificata come ideale punto di maturità del percorso di sviluppo dei SRI, i diversi *stakeholder* giungono ad interessi ed obiettivi perfettamente allineati. Si raggiunge, pertanto, vicinanza culturale, cognitiva e sociale che genera, tra gli attori del Sistema, flussi spontanei di conoscenza prevalentemente tacita. L'università, infatti, in questa fase assume consapevolmente tra le sue *mission* quella di valorizzare i risultati della ricerca scientifica; la grande industria localizza attività di ricerca ad alto valore aggiunto nel SRI di interesse; il venture capital trova conveniente investire nelle imprese *start-up*, in quanto trova nello stesso Sistema opportunità di way out. In questa fase, i diversi attori locali che compongono la Tripla Elica (Etzkowitz e Leydesdorff, 2000) percepiscono spontaneamente la convenienza ad interagire. In questa fase il SRI assume la configurazione di un network fortemente connesso, con numerosi legami e frequenti interazioni tra gli attori coinvolti. La *governance* del Sistema evolve verso meccanismi di rete che si rivelano efficaci a mantenere e rafforzare le connessioni tra gli *stakeholder* .

In sintesi, intersecando le due dimensioni si possono definire 4 distinte tipologie di SRI che possono essere considerate come altrettante tappe di crescita del Sistema stesso:

Tab. 1.1 – *Tipologie di Sistemi Regionali Innovativi*

		Flussi di conoscenza			
		Nulli	*Bassi*	*Medio*	*Alti*
Densità dei legami	*Nulli*	**SRI Potenziali**			
	Deboli		**SRI in evoluzione**		
	Medio			**SRI Attivi**	
	Alti				**SRI di indirizzo strategico**

Cosa emerge? I SRI evolvono nel tempo e con cambiano anche i legami tra i diversi attori, i ruoli e la *governance*. Gli attori della tripla elica, in primis le imprese, ma anche il sistema della ricerca e il governo pubblico, prima di applicare le proprie strategie, devono rendersi conto del contesto in cui operano.

Considerazione 2. Esiste un meccanismo di co-evoluzione tra le strutture per lo sviluppo territoriale e la valorizzazione della ricerca scientifica e i SRI? *A cura di Mariacarmela Passarelli*

Così come variano nel tempo gli attori, i legami tra questi ultimi, il tipo di conoscenza prodotta e i flussi di conoscenza, anche il ruolo che una struttura per lo sviluppo territoriale e per la valorizzazione della ricerca scientifica (STEVR) ha nel SRI varia nel tempo.

Nella fase definita come SRI potenziale, la struttura STEVR, generalmente non è presente nel sistema; tuttavia potrebbe essere un osservatore esterno che non è ancora legittimato dal governo locale ad agire.

Nella fase definita SRI embrionale, la struttura STEVR assume un ruolo di attivatore delle relazioni tra attori del Sistema regionale (imprese, enti di ricerca, governo pubblico, finanziatori), creando una discontinuità nel Sistema stesso.

Fig. 2.1 – *Sistema Regionale Innovativo Embrionale e ruolo della STEVR*[1]

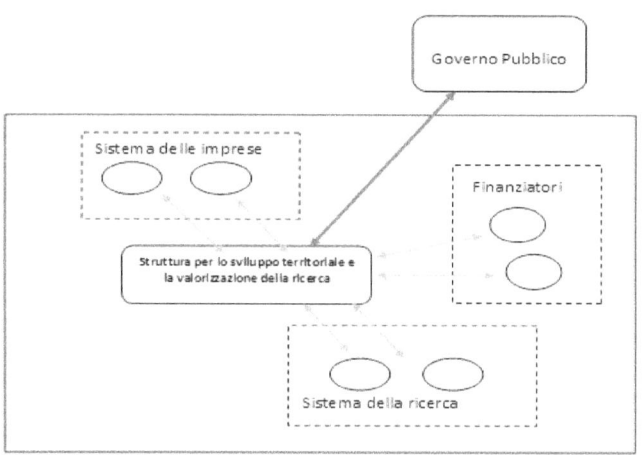

Nella fase definita SRI in via di sviluppo, le relazioni tra gli attori del Sistema Regionale iniziano a crescere e la struttura STEVR si propone quale coordinatore di tali relazioni.

---

[1] Nelle figure, le frecce in rosso esprimono legami forti, mentre le frecce in verde esprimono legami deboli.

Fig. 2.2 – *Sistema Regionale Innovativo in via di sviluppo e ruolo della struttura STEVR*

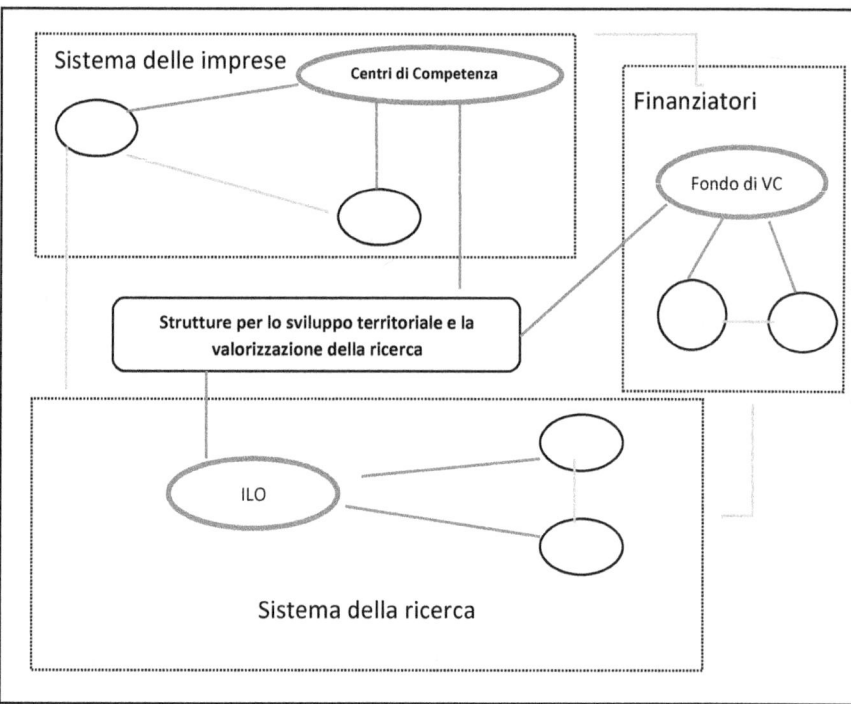

Nella fase definita SRI attivo, la struttura STEVR diventa un attore alla pari degli altri attori presenti, che percepiscono di per sé la convenienza ad interagire. A questo punto, la struttura STEVR è chiamata a ripensare sé stessa, quale condizione di sopravvivenza e sviluppo.

Fig. 2.3 – *Sistema Regionale Innovativo Attivo*

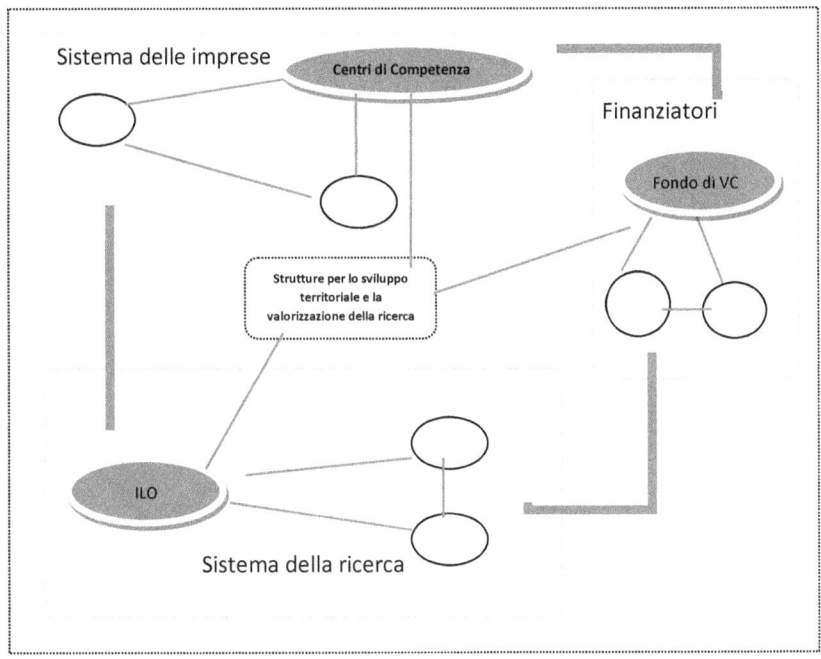

E' possibile affermare che le STEVR e i SRI co-evolvono? Un Sistema Regionale Innovativo "Potenziale", in cui i Nodi appaiono particolarmente carenti in termini di metodologie ed azioni condivise e l'attività di coordinamento appare ancora debole, necessita di una STEVR il cui fine ultimo è di consentire al Sistema Regionale Innovativo di seguire un percorso evolutivo che permetta sempre più ad imprese e ricercatori di convenire su azioni, metodologie e strumenti per l'innovazione.

Non sempre vengono create delle STREV e non tutti i SRI evolvono. Quando ciò accade, i Sistemi Regionali Innovativi si configurano come "embrionali", nei quali il Governo Pubblico è in grado di affermarsi come attivatore di una Struttura Integrata con un *Hub* centrale che crea e coordina una rete di attori del Sistema regionale in ambito di valorizzazione della Ricerca e trasferimento tecnologico (Nodi della Rete) distribuiti su tutto il territorio Regionale facendosi promotore e garante dell'uniformità dell'offerta di servizi di trasferimento tecnologico nel territorio.

Nella fase embrionale o di *startup* di un SRI, la STEVR ricopre i seguwnti ruoli:

- attiva la costruzione della Rete Regionale;
- predispone e propone un sistema di processi, metodologie, strumenti e modelli operativi; inoltre coordina le attività operative dei Nodi della Rete e avvia la creazione di LEGAMI nel sistema;
- ha una visione generale del flusso di conoscenza presente in ambito regionale e che richiede un elevato livello di codifica;

- funge da interfaccia tra i nodi e il Governo Pubblico per indirizzare in modo efficace ed efficiente l'impiego delle risorse;

In tale fase, si sviluppano legami tra l'*Hub* della Rete e i Nodi. La STEVR, dunque, in fase di *startup* si dedica alla creazione di legami tra attori del sistema e alla messa a punto di metodologie e strumenti per la valorizzazione della ricerca e il trasferimento tecnologico.

Tra le attività di una STEVR in fase di *startup* rientrano:
- l'analisi del potenziale industriale e della ricerca presenti in un dato territorio (numero di operatori della ricerca, settori tecnologici di applicazione della ricerca, relazioni con le imprese, numero di imprese attive, settori di appartenenza);
- analisi dei servizi e degli strumenti utilizzati dagli attori che in un territorio già svolgono attività di trasferimento tecnologico (Camere di Commercio, Associazioni di Categoria, Uffici di trasferimento tecnologico, Liaison Office, incubatori, acceleratori etc.) per supportare le università e le imprese del territorio nei processi di innovazione, nonché per la valorizzazione dei risultati della ricerca scientifica;

- progettazione e messa a punto di strutture di valorizzazione della ricerca e trasferimento tecnologico;
- messa a punto di procedure e metodologie per la valorizzazione della ricerca e il trasferimento tecnologico che tengano conto del potenziale di cui il sistema della ricerca e quello delle imprese sono dotati.

Volendo rappresentare le attività di una STEVR in fase di *startup* mediante la catena del valore di Porter[2], la configurazione sarebbe la seguente:

Fig. 2.4 - *La catena del valore di una STEVR nella fase di startup*

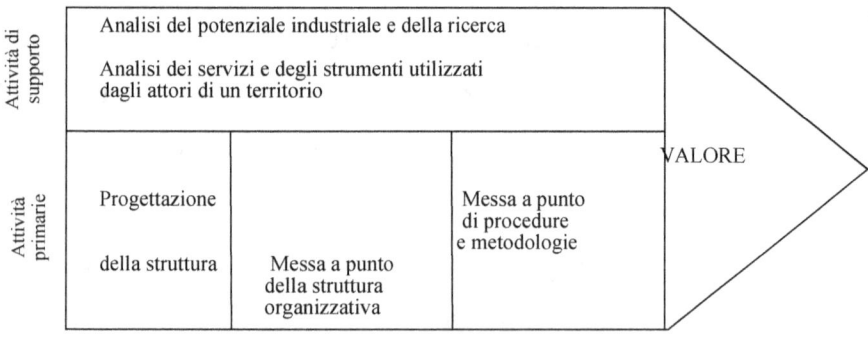

---

[2] **Le attività primarie** contribuiscono direttamente alla creazione del valore per il sistema, mentre le attività di supporto ne rafforzano l'efficacia.

In un SRI *Attivo*, la STEVR è in una fase di **sviluppo** del suo ciclo di vita nel quale l'intervento diretto dell'*Hub* si traduce nell'attivazione stabile e coordinata dei Nodi che sono coinvolti direttamente nelle attività operative della Rete.

Tali attività possono essere svolte dal personale dell'*Hub* e/o dal personale operante nei Nodi, con diverse modalità di collaborazione a seconda delle specifiche disponibilità di risorse e competenze di ciascun Nodo.

In questa fase:

- la forza dei legami tra i *NODI* e l'*Hub* aumenta;
- L'*Hub* implementa un sistema di codifica della conoscenza a livello regionale;
- I Nodi consolidano sistemi cognitivi condivisi.

L'*Hub* consolida il ruolo di coordinatore delle attività operative del Sistema, garantendo l'uniformità dell'offerta di servizi di trasferimento tecnologico in ambito regionale.

La STEVR in fase di sviluppo svolge una serie di attività, tra cui:

- *trasferimento tecnologico per le imprese*
- *valorizzazione della ricerca*
- *creazione di nuove imprese spin off e startup*
- *networking*

Le attività operative messe in atto per erogare servizi alle imprese, prevedono:
- *Visita porta a porta* delle aziende del territorio per evidenziare insieme con i singoli imprenditori le esigenze di innovazione. Tali reti di innovazione riconoscono in una figura chiave, definita "broker tecnologico", il compito di costruire e sviluppare i legami tra gli attori della rete (Howells, 2006). In particolare, il *broker* tecnologico assiste le PMI al fine di identificare nell'ambito della ricerca scientifica competenze e risultati che si prestano a soddisfare le esigenze di innovazione aziendali (*exploration*);
- *Redazione di Audit tecnologici* per identificare, analizzare e formalizzare esigenze e fabbisogni di innovazione e verificare le opportunità e potenzialità di sviluppo tecnologico;
- *Sviluppo di un'Analisi di scenario tecnologico ed economico*: per conoscere e approfondire specifiche tematiche tecniche e indirizzare l'individuazione dei migliori percorsi di sviluppo tecnologico delle imprese;
- *Scouting di partner industriali:* per individuare altre imprese interessate a sviluppare in partenariato un'idea di progetto;

- *Definizione di Progetti di Innovazione insieme all'imprenditore* per identificare e pianificare fasi e attività utili all'implementazione di specifici percorsi di innovazione, con il supporto delle competenze scientifiche;
- *Ricerca fondi di finanziamento* per lo sviluppo del piano d'impresa;
- *Assistenza* dell'impresa durante tutte le fasi di sviluppo del percorso di innovazione che può comprendere il supporto della fase di concetto (*Proof of Concept*), le ricerche di mercato per i nuovi prodotti, i servizi di progettazione e sperimentazione (prove e test), i servizi relativi alla gestione della proprietà intellettuale, il supporto all'avvio di attività di ricerca tecnico-scientifica a contratto.

L'obiettivo principale del servizio alle imprese è quello di supportare le imprese al fine di far migliorarne le performance aziendali (produttività, tassi di crescita del fatturato e dell'occupazione, tasso di innovazione, numero di brevetti etc.).

Attraverso l'ausilio dei Nodi della ricerca, le STEVR offrono servizi anche al sistema della ricerca. Le attività di valorizzazione della ricerca comprendono lo *scouting*, l'*assessment* e la valorizzazione. Lo scouting è finalizzato a mappatura le aree di specializzazione tecnico-scientifica presso gli enti di ricerca e gli atenei e con l'individuazione di docenti, ricercatori e laboratori di riferimento. L'*assessment* delle tecnologie e delle competenze mappate ha l'obiettivo di individuare le potenzialità e renderle oggetto di specifici progetti di valorizzazione.

In particolare, le attività di *assessment* condotte a tal fine e i relativi servizi erogati sono:

- <u>Valutazione dello scenario tecnologico e di mercato</u>, finalizzata a valutare le potenzialità dell'idea imprenditoriale proposta. In particolare, la redazione dell'analisi comporta l'impiego di specifici *tools* di *technology foresight* e *business intelligence* volti non solo al reperimento e all'analisi di dati di mercato e di settore, ma anche all'individuazione delle potenziali applicazioni dei risultati e dei potenziali destinatari della tecnologia e/o del prodotto, nonché alla definizione del *business model*.

- <u>Valutazione della Proprietà Intellettuale</u>. Tale attività si realizza attraverso le seguenti fasi: ricerca di anteriorità[3]

---

[3] Per realizzare la ricerca brevettuale esistono banche dati pubbliche e non che registrano i brevetti. Tra le banche dati pubbliche vale la pena menzionare: la **Banca Dati** - Ufficio Italiano Brevetti e Marchi, la banca dati dell'EPO ovvero Espacenet, la International and National Patent Collections della WIPO.

; acquisizione di un parere tecnico-legale sulla presenza dei requisiti di brevettabilità (novità e attività inventiva) e individuazione delle possibili strategie per la tutela dei risultati; supporto alle decisioni relative al mantenimento, alla prosecuzione ed estensione dei titoli di proprietà industriale depositati; supporto alla valutazione di (eventuali) "referaggi" di autorità brevettuali internazionali quali EPO e WIPO sui brevetti in fase di esame presso tali sedi; supporto operativo ed economico nell'*iter* di richiesta della copertura brevettuale agli appositi uffici nazionali ed internazionali.

L'esito della Valutazione della Proprietà Intellettuale dovrebbe fornire la risposta. In caso di risposta affermativa, si può pensare a depositare un brevetto.

- <u>Definizione di un Progetto di Valorizzazione</u> che individua le attività di completamento dei risultati, il livello di pianificazione degli interventi, la stima dei costi e l'individuazione di risorse e competenze necessarie alla sua realizzazione.

Il Progetto di Valorizzazione può prevedere diversi sbocchi di valorizzazione: brevetto, test prestazionali, cessione, *licensing*, *cross licensing*, *free licesing*, *plug in*, contratti di R&D con imprese (contratto di affidamento di ricerca, contratto di ricerca in comune), creazione di *spin-off* e nuove microimprese.

La valorizzazione mediante creazione di *spin-off* orientati alla ricerca e all'innovazione si configura come una delle attività più esplicative della "terza missione". Gli *spin-off* da ricerca rappresentano delle iniziative imprenditoriali nate per gemmazione da ambienti accademici o da istituzioni di ricerca. Tali imprese nascono per iniziativa di un gruppo di ricercatori, professori e/o neo-laureati che si distaccano dall'organizzazione di cui fanno parte per avviare un'attività imprenditoriale indipendente, finalizzata allo sfruttamento di competenze e attività di ricerca maturate all'interno dell'organizzazione, con la quale, nella maggior parte dei casi, s'intrattengono stretti rapporti di collaborazione. Il NetVal fornisce la seguente definizione: «gli *spin-off* sono quelle imprese operanti in settori *high-tech* costituite da (almeno) un professore/ricercatore universitario o da un dottorando/contrattista/studente che abbia effettuato attività di ricerca pluriennale su un tema specifico, oggetto di creazione dell'impresa stessa».

Con l'espressione '*start-up*' si intendono, invece, quelle imprese costituite con una qualche forma di sostegno da parte dell'università ed eventualmente localizzate presso un incubatore universitario, ma che non presentano i requisiti sopra esposti ai fini della relativa identificazione come imprese *spin-off*.

I servizi di *networking* nazionale e internazionale, la formazione e la comunicazione. Con riferimento al *networking* nazionale e internazionale, il livello di efficacia e di efficienza del funzionamento della STEVR è strettamente connesso alla capacità di interloquire e di mantenere stabili contatti con un consistente numero di Soggetti e Reti nazionali ed europee per offrire agli utenti un più ampio spettro di servizi qualificati. Il *networking* sia con altre imprese sia istituzionale garantisce il pieno sfruttamento delle potenzialità della ricerca, l'incremento della competitività delle imprese, la valorizzazione della ricerca, lo sviluppo di tecnologie di frontiera, nonché una chiara comprensione delle esigenze della domanda di tecnologia e conoscenza.

Volendo rappresentare con la Catena del valori di Porter, le attività della STEVR nella fase di maturità, essa si configurerebbe come segue:

Fig. 2.5 - *La catena del valore di una STEVR nella fase di sviluppo*

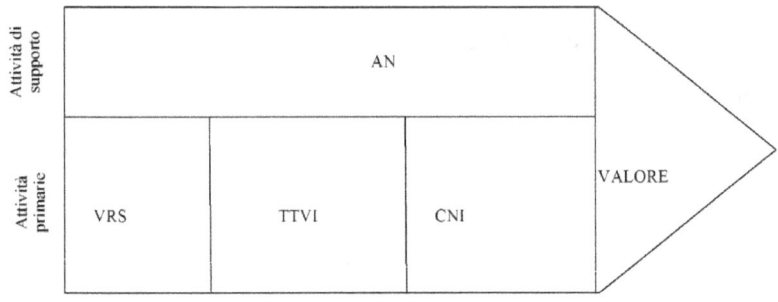

Le attività di valorizzazione della ricerca (VRS), di trasferimento tecnologico verso le imprese TTVI) e di creazione di nuove imprese (CNI) sono attività primarie ,mentre le attività di network (AN) sono di supporto per la creazione del valore sul territorio.

In una fase di **maturità** la STEVR genera SRI di indirizzo strategico in cui i diversi *stakeholder* giungono ad interessi e obiettivi perfettamente allineati. Si raggiunge, pertanto, vicinanza culturale, cognitiva e sociale che genera, tra gli attori del Sistema, flussi spontanei di conoscenza sia tacita sia codificata in sistemi di *Knowledge Management*. In tale fase la forza dei legami tra i NODI e l'*Hub* si massimizza e le attività operative vengono svolte stabilmente dai NODI della rete; l'Hub coordina le attività strategiche dei NODI e funge da "cabina di regia" della Rete, operando a stretto contatto con i *policy maker* per orientare le politiche di innovazione e di trasferimento tecnologico, oltre che per rilanciare nuovi programmi al fine di aggiungere nuovi obiettivi.

In tale fase la STEVR svolge un ruolo di indirizzo strategico per le politiche regionali. Alle attività operative ne affianca altre, quali:
- l'osservazione dei trend internazionali relativi alle nuove tecnologie e ai possibili impatti sui settori industriali. Attraverso tecniche di *technology foresight* e *business intelligence* è possibile analizzare, per singolo settore, le tendenze di sviluppo macroeconomico globale e gli scenari strategici per identificarne le tendenze tecnologiche e di mercato;
- analisi di scenario volte ad identificare le aree strategiche che hanno una forte rilevanza nel sistema locale (regione/nazionale) e per le quali è particolarmente utile identificare le tendenze tecnologiche. I risultati delle analisi contribuiranno alla costruzione di programmi di sviluppo delle singole imprese e al consolidamento di conoscenze dei ricercatori.

Sulla base delle analisi sviluppate a livello macro e dell'elaborazione dei dati rilevati a livello regionale, in tale fase del ciclo di vita la STEVR ha il ruolo di suggerire al governo regionale linee strategiche di interventi per lo sviluppo dell'industria regionale e la valorizzazione dei risultati della ricerca, nonché di individuare le aree ed i settori di intervento, l'insieme delle risorse di carattere tecnico, organizzativo e finanziario da impiegare, la ripartizione delle risorse.

Volendo rappresentare mediante la Catena del valori di Porter le attività della STEVR in fase di maturità in cui il SRI è di indirizzo strategico, si otterrebbe la seguente configurazione:

Fig. 2.6 - *La catena del valore di una STEVR nella fase di maturità*

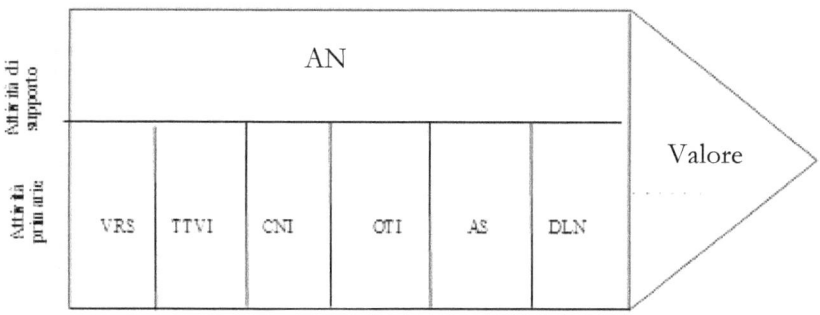

In tale fase tra alle attività primarie già identificate in precedenza (Fg. 2.5), si aggiungono anche: l'osservazione dei trend internazionali (OTI), le analisi di scenario (AS) e la definizione delle linee strategiche (DLN) per i *policy maker*.
La tabella che segue sintetizza quanto finora descritto.

Tab. 2.1 - *Co-evoluzione tra STEVR e SRI*

		In evoluzione	Attivi	Di indirizzo strategico
STEVR	*Maturità*			Attività operative di trasferimento tecnologico e valorizzazione della ricerca Osservatorio per le politiche regionali
	Sviluppo		Rafforzamento dei legami tra gli attori del sistema Attività operative di trasferimento tecnologico e valorizzazione della ricerca	
	Startup	Attività di creazione di legami tra gli attori del sistema Implementazione di metodologie e legami •		
		SRI		

Come reagiscono le STEVR all'evoluzione dei SRI? Sicuramente, una struttura di sviluppo locale, può assumere tre diversi possibili comportamenti:

- Adattivo. Questo è il caso meno auspicabile nel quale la struttura STEVR decide di operare nel Sistema maturo locale come un unità del Sistema stesso, continuando ad offrire agli attori e ai sub-sistemi locali la medesima offerta di servizi; cosi facendo, tale struttura rischia la lenta scomparsa dal SRI;
- Reattivo. In questo caso la struttura STEVR interviene esclusivamente nello stesso SRI originario, seppur modificando la propria offerta di servizi attraverso la definizione di attività ad alto valore aggiunto per i singoli attori e per il Sistema (processi di diversificazione per le imprese, di internazionalizzazione, ingresso in nuovi business, processi di clusterizzazione, *hub* internazionali di ricerca, *private equity*);
- Proattivo. In tal caso, la struttura STEVR ripensa sia al proprio modello di business che al proprio *revenue model* attraverso processi di diversificazione tanto geografica quanto operativa. Dal punto di vista geografico, la struttura STEVR si propone come *hub centrale* i cui Nodi periferici sono rappresentati dalle singole *operation* geograficamente dislocate. In tal modo la struttura STEVR reinventa il proprio ruolo e

comincia un nuovo ciclo di vita in un nuovo Sistema Regionale Potenziale.

Fig. 2.7 - *Il ruolo delle struttura STEVR in un Sistema Regionale Innovativo*

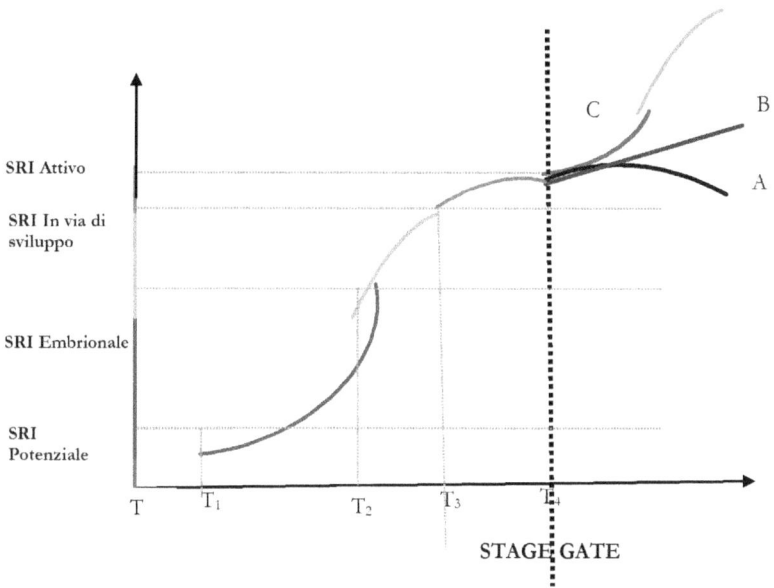

Una struttura STEVR proattiva, quindi, ripensa il proprio modello di business, attivando processi di diversificazione geografica ed operativa. Tuttavia l'avvio di processi di diversificazione geografica richiede l'adozione di strutture reticolari per la stessa struttura STEVR; tale passaggio non avviene in modo automatico, in quanto necessita del potenziamento di tutte le organizzazioni intermedie deputate a coordinare e controllare le molteplici attività, svolte in un insieme multipolare di luoghi. L'organizzazione ridefinisce, dunque, la propria struttura mantenendo un *hub centrale*

(struttura *STEVR* come *Laboratorio delle idee*) nel quale si concentrano le attività *core* della struttura e creando *hub periferici* in cui si sviluppano le singole *operation* geograficamente dislocate (Fig. 6). Ogni struttura delocalizzata (*hub periferico*) potrebbe a sua volta rappresentare un punto di coagulo nel quale confluiscono una serie di Nodi da essa promossi o a cui partecipa. Si evidenzia così la definizione di una organizzazione a rete, ovvero un'organizzazione differenziata che progetta i propri confini in uno schema organizzativo che può variare nel tempo ed essere strutturalmente variabile.

Cosa emerge? Nel tempo, una struttura STEVR deve essere capace di modificare il proprio assetto organizzativo in relazione al ciclo di vita del SRI in cui opera; dunque, per garantire a se stessa condizioni di sopravvivenza e sviluppo, essa deve sviluppare la capacità di modificare la propria mission e anche il proprio modello di business, il proprio *revenue model* e le relazioni organizzative alla luce delle specifiche condizioni di contesto in cui la stessa struttura interviene.

Considerazione 3. Come si possono misurare i risultati?

Un aspetto estremamente critico per i soggetti che promuovono e sostengono le attività di sviluppo regionale risulta essere l'osservazione degli output dell'intervento pubblico, intesi come misurazione dei risultati conseguiti in termini di sviluppo economico regionale. Tale aspetto risulta essere ancor più problematico qualora si intenda la misurazione non come momento finale del progetto di intervento, ma più correttamente come valutazione *in itinere*, che possa supportare la migliore calibrazione dell'intervento da parte della struttura STEVR e favorire la comunicazione dei risultati agli *stakeholder* pubblici e privati di riferimento. Sorge pertanto l'esigenza di lavorare ad una sistema di indicatori correlato alle diverse fasi del ciclo di vita del SRI e del relativo progetto di sviluppo.

A tal proposito, alcuni gruppi di lavoro di Governi pubblici nazionali e sovranazionali (si considerino ad esempio il *Department of Trade and Industry* in Gran Bretagna e lo *European Regional Innovation Scoreboard* pubblicato annualmente dalla Commissione Europea) hanno messo a punto un sistema variegato di indicatori funzionali alla misurazione del grado di innovazione di Regioni e territori. Lo *European Innovation Scoreboard* utilizza un sistema di indicatori (occupazione high tech sul totale occupazione della Regione, distribuzione tra imprese tradizionali ed high-tech, ecc) riconducibili sostanzialmente agli effetti sul PIL regionale, i quali, tuttavia, difficilmente possono essere apprezzati nelle fasi iniziali del ciclo di vita di un SRI. Se utilizzati in modo non contestualizzato, i sistemi di indicatori attuali corrono il rischio di non rilevare o appiattire i primi risultati che potrebbero, tuttavia, essere molto significativi, persino nelle fasi iniziali di un progetto di intervento pubblico (come, ad esempio, l'attivazione di legami tra attori, Università-Industria locale, che normalmente non "parlano" tra loro). Inoltre i sistemi di indicatori attuali sembrano apprezzare poco variabili *intangibles* non immediatamente misurabili (come, ad esempio, la creazione di una cultura dell'innovazione in un Sistema regionale).

Nella letteratura scientifica non sembra esistere un sistema oggettivo e condiviso di indicatori e non risulta facile definire quali di essi siano più adeguati nelle diverse fasi del ciclo di vita di un progetto regionale di innovazione. In particolare, la Teoria sulla crescita economica (*Economic Growth*) fa riferimento ai tradizionali strumenti di sviluppo economico quali la crescita del PIL regionale, il numero di occupati, il fatturato delle aziende, il numero di brevetti e di *startup/spin-off* . Evidentemente, nelle fasi iniziali di un SRI, tali risultati sono limitati in valore assoluto, mentre nel lungo periodo dovrebbero essere significativi, con effetti in termini di crescita quantitativa e qualitativa del PIL regionale.

Alla luce dei limiti che gli indicatori di crescita economica presentano e, tenendo conto del ciclo di vita dei un intervento pubblico per l'innovazione, il presente contributo intende integrare e sistematizzare le *proxy* di misurazione già esistenti, attingendo ad alcuni consolidati filoni di letteratura scientifica, al fine di qualificare un Modello Multidimensionale di Indicatori per l'Innovazione (MMII)._In tal modo i tradizionali indicatori di crescita economica si qualificherebbero come indicatori di sintesi finale di un set composto di sub-categorie di indicatori capaci di esprimere i risultati dell'intervento nelle singole fasi del ciclo di vita di un SRI.

Pertanto, accanto agli indicatori cumulati di crescita economica, nella definizione degli indicatori si può attingere alle seguenti Teorie:

- la Teoria dei *network*, la quale risulta essere funzionale alla misurazione della creazione e dello sviluppo dei legami tra gli attori in un SRI. Gli indicatori di riferimento sono, ad esempio, il numero dei legami esistenti e la forza dei legami stessi (considerandone la variazione nel tempo). Un programma di intervento pubblico nelle fasi iniziali ha la funzione di attivare legami, mentre nel tempo ha la funzione di rafforzare certi legami, crearne altri e chiuderne altri ancora;

- le Teorie economico-finanziare che consentano di monitorare periodicamente a livello micro l'impatto di un programma di intervento pubblico sulle performance della singola azienda;
- la Teoria sulle *Entrepreneurial University*, la quale misura gli effetti prodotti dall'azione di valorizzazione della ricerca, in termini di numero di *spin-off* creati, contratti di ricerca congiunta, brevetti depositati e licenziati etc.;
- la Teoria sulla *knowledge*, che considera la tipologia e lo stock di conoscenza presente in un Sistema territoriale e il flusso che si genera nel tempo. Le conoscenze possono distinguersi in tacite e codificate, generiche e distintive (Nonaka e Takeuchi, 1994). L'abilità di un programma di intervento pubblico potrebbe misurarsi come capacità di generare nelle fasi iniziali una quantità prevalente di flussi di conoscenza esplicita. Con il tempo, grazie alla generazione di un

sistema di conoscenze condivise tra gli attori del Sistema, la quantità di flussi di conoscenza esplicita diminuisce, mentre aumenta il flusso di conoscenza tacita. Inoltre l'azione della struttura STEVR può favorire una focalizzazione delle competenze scientifiche che diventano distintive in specifici settori tecnologici;

- la Teoria sugli *spillover*, la quale fa riferimento agli effetti che si producono laddove la produzione di conoscenza e di innovazione da parte di alcune imprese ed enti ricerca genera esternalità positive a favore di altre imprese diverse da quelle che l'hanno prodotta (Jaffe, 1986). Tali effetti sono misurabili, ad esempio, attraverso analisi citazionali sui brevetti/pubblicazioni e sono normalmente osservabili nel medio-lungo periodo.

In definitiva, il modello multidimensionale prevede:

Fig. 3.1 - *Misurazione dei risultati nelle fasi del ciclo di vita dell'intervento*

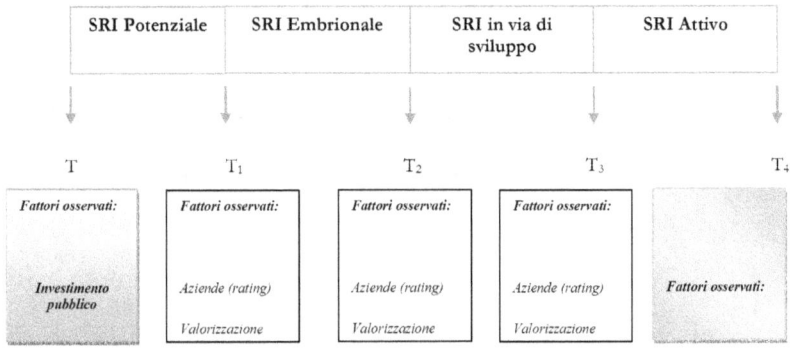

Al tempo *t* di avvio dell'intervento in un SRI potenziale, si rileva un indicatore di misurazione dell'investimento pubblico significativo, un indicatore di stock della conoscenza presente sul territorio e un indice di crescita economica attesa dallo *stakeholder* pubblico.

Nelle fasi intermedie (T_1, T_2, T_3), si rilevano un sistema multidimensionale di indicatori che osservano l'andamento economico-finanziario delle aziende supportate, le azioni di valorizzazione della ricerca, i legami creati e lo sviluppo di un sistema di conoscenze.

Nella fase finale dell'intervento (T_4), l'intervento pubblico risulterà tanto più efficace se emergerà un indicatore di sintesi in grado di rilevare la ricchezza creata rispetto all'investimento iniziale.

Conclusioni

Le riflessioni proposte nel seguente lavoro, mediante il contributo di due studiosi del tema, possono essere da supporto tanto ai ricercatori per l'individuazione di nuove frontiere di ricerca, quanto ai *policy maker* che intendono mettere a punto efficaci ed efficienti modelli di sviluppo territoriale. Negli ecosistemi di sviluppo, non esistono modelli standardizzati; tutto evolve e co-evolve per "innovare l'innovazione".

Bibliografia

Granovetter, Mark S. "The strength of weak ties." American journal of sociology (1973): 1360-1380.

Nonaka, I., & Takeuchi, H. 1995. The knowledge creating company. Oxford, England: Oxford University Press

Williamson, Oliver E. "Transaction cost economics." Handbook of industrial organization 1 (1989): 135-182.

Etzkowitz, Henry, and Loet Leydesdorff. "The dynamics of innovation: from National Systems and "Mode 2" to a Triple Helix of university–industry–government relations." Research policy 29.2 (2000): 109-123.

Jaffe, Adam B. "Technological opportunity and spillovers of R&D: evidence from firms' patents, profits and market value." (1986).

Biografia

Danilo Farinelli, *Direttore Generale del Carnia Industrial Park, parco industriale ubicato nella regione Friuli Venezia Giulia, nel quale sono insediate oltre 200 aziende con circa 4.000 occupati. Fino ad aprile 2016, direzione Marketing e Sviluppo Mercato di AREA Science Park, principale parco scientifico e tecnologico multisettoriale italiano e Ente di Ricerca di primo livello del MIUR. Ha promosso e coordinato a livello nazionale la costituzione di centri e strutture dedicati al trasferimento tecnologico, alla valorizzazione dei risultati della ricerca scientifica e alla creazione di start up innovative, sulla base dei modelli e delle metodologie elaborati in AREA Science Park, con particolare riguardo alle iniziative che coinvolgono il Mezzogiorno d'Italia. Ha collaborato alla creazione e al consolidamento delle strutture territoriali create da AREA Science Park in collaborazione con attori istituzionali locali, denominate Basilicata Innovazione e CalabriaInnova.*

Michele Petrone, *si occupa di trasferimento tecnologico e sviluppo di start-up ad alto contenuto innovativo, da oltre 10 anni. Per 6 anni in Basilicata Innovazione, organizzazione di*

Area Science Park Trieste. Prima tra i soci fondatori di uno spin-off biotech che ha raccolto round di investimento da fondi istituzionali di venture capital. Laureato con lode in Economia, ha conseguito un Dottorato in materie aziendali presso l'Università di Salerno ed un Master in Intellectual Property all'Università di Bologna.

Mariacarmela Passarelli, *lavora da più di 10 anni nel settore dell'innovazione e del trasferimento tecnologico. Docente a contratto presso l'Università della Calabria, è stata collaboratrice della società ERNST & YOUNG Financial-Business Advisor Spa, per le attività di assistenza tecnica sui fondi strutturali. È stata per 4 anni Project Manager per le attività di Valorizzazione della Ricerca presso Area Science Park. Ha ricoperto il ruolo di referente regionale dello Sportello APRE Calabria per l'assistenza sulla partecipazione ai Bandi europei – Horizon2020. Ha conseguito il PhD in Economia e Management presso la Scuola Superiore S. Anna di Pisa ed è stata Visiting Scholar presso l'Università della California (Berkeley). È' autrice di diversi articoli pubblicati su riviste e magazine.*

www.ingramcontent.com/pod-product-compliance
Lightning Source LLC
Chambersburg PA
CBHW070433180526
45158CB00017B/1159